ज़िन्दगी एक कण है

(कविताएँ)

ज़िन्दगी एक कण है

राकेश मिश्र

राधाकृष्ण प्रकाशन

ISBN : 978-81-8361-911-0

ज़िन्दगी एक कण है

पहला संस्करण : जनवरी 2019
तीसरा संस्करण : अप्रैल 2019

मूल्य : ₹395

प्रकाशक
राधाकृष्ण प्रकाशन प्राइवेट लिमिटेड
जी-17, जगतपुरी, दिल्ली-110 051

शाखाएँ : अशोक राजपथ, साइंस कॉलेज के सामने, पटना-800 006
पहली मंज़िल, दरबारी बिल्डिंग, महात्मा गांधी मार्ग, इलाहाबाद-211 001
36 ए, शेक्सपियर सरणी, कोलकाता-700 017

वेबसाइट : www.radhakrishnaprakashan.com
ई-मेल : info@radhakrishnaprakashan.com

मुद्रक : बी.के. ऑफसेट
नवीन शाहदरा, दिल्ली-110 032

ZINDAGI EK KAN HAI
Poems by Rakesh Mishra

आनन्दग्रन्थिद्वय
ईशा-ईशान को

पुरोवाक्

काव्य अपने प्रशस्त रूप में जीवन और जगत का पुनःसृजन है। भारतीय परंपरा में काव्य को चौंसठ कलाओं से बाहर रखा गया है, जबकि पाश्चात्य देशों में उसकी गणना कलाओं के अन्तर्गत ही की जाती है। भारतवर्ष में काव्य को विद्या और कलाओं को उपविद्या की संज्ञा प्रदान की गयी है। यहाँ काव्य को समस्त कलाओं से श्रेष्ठतर माना गया है। वात्स्यायन के 'कामसूत्र' में चौंसठ कलाओं की जो सूची मिलती है उसमें काव्य का समावेश नहीं है। राजशेखर ने भी 'काव्यमीमांसा' में काव्य को विद्या ही कहा है। हिन्दी के सबसे प्रतिभाशाली कवि जयशंकर प्रसाद और सर्वश्रेष्ठ आलोचक आचार्य रामचन्द्र शुक्ल भी काव्य में अनुस्यूत प्रभावी ज्ञान के कारण उसे कलाओं से श्रेष्ठतर मानते हैं। जयशंकर प्रसाद के अनुसार यहाँ कला को कौशल और शिल्प माना गया है। 'क्रोचे का अभिव्यंजनावाद' शीर्षक निबन्ध में शुक्लजी लिखते हैं कि 'सारा उपद्रव काव्य को कलाओं के भीतर लेने से हुआ है। हमारे यहाँ काव्य की गिनती चौंसठ कलाओं में नहीं की गयी है।' शुक्लजी काव्य को एक व्यापक विधान कहते हैं। कहने का तात्पर्य यह है कि भारतीय परम्परा में काव्य को सर्वोच्च सम्मान दिया गया है।

हिन्दी की समकालीन कविता विषय-वस्तु और शिल्प-विधान दोनों ही दृष्टियों से अतिशय महत्त्वपूर्ण है। आज की कविता मनुष्य के वास्तविक जीवनानुभव, सुख-दुख, आशा-आकांक्षा, मूल्य-मान, जीवन स्थितियों एवं विसंगतियों को अपेक्षाकृत ज़्यादा प्रामाणिकता के साथ के साथ चित्रित कर रही है। वह सच्चे अर्थों में जीवनधर्मी कविता है। जनता के पक्ष की कविता है।

वर्तमान समय में जब सम्पूर्ण विश्व में लाखों कवि रचनारत हैं तो सारे कवियों का सापेक्ष मूल्यांकन बेहद चुनौतीपूर्ण कार्य है। फिर भी कतिपय कवि अपनी विशिष्ट प्रतिभा के कारण अपनी अलग पहचान बना रहे हैं। ऐसे ही एक

महत्त्वपूर्ण और संवेदनशील कवि हैं श्री राकेश मिश्र। आपका तीसरा काव्य संग्रह 'ज़िन्दगी एक कण है' शीर्षक से प्रकाशित हो रहा है। इस संकलन में कुल एक सौ तेरह कविताएँ संकलित हैं जो इतने ही विषय पर कवि की रचनात्मक प्रतिभा का उद्घोष कर रही हैं। इन कविताओं में कवि ने अपने अनुभवों को जिस संजीदगी के साथ प्रस्तुत किया है वह सहृदय पाठक के लिए रमणीय वस्तु है। कवि के पास एक निश्चित जीवन दृष्टि है। वह ज़िन्दगी को उसके उभयपक्ष के साथ समझने का प्रयास करता है। कवि मन की दुर्दम्य जिजीविषा उसे जीवन का कवि बनाती है। इस दृष्टि से 'जीना है' कविता की पंक्तियाँ दर्शनीय बन पड़ी हैं—'जीना है/ उसके लिए/जिससे ज़िन्दगी अच्छी लगती है/ जीना है/ उसके लिए भी जिस बिन/ ज़िन्दगी नहीं है।' इस तरह की लघु किन्तु मार्मिक कविताओं से यह संकलन भरा पड़ा है। कवि एक कविता में जीवन की निरुद्देश्यता को भी रेखांकित करता है। वह लिखता है कि—'मेरी तलाश/ वो जड़/ जिसे ज़मीन न मिली/ मेरी मंजिल/ वो ज़मीन/ जो जड़ विहीन है।'

आज की कविता मानवीय एवं पारिवारिक रिश्तों को बड़ी तल्लीनता से अभिव्यक्त करती है। उसमें दादा-दादी, माता-पिता, भाई-बहन ,पत्नी-बच्चों पर प्रभूत मात्रा में रचनाएँ हो रही हैं। इस दृष्टि से मिश्रजी की कविता अपनी सहजता, अन्तरंगता और आत्मीयता के चलते विशेष ध्यान खींचती है। वे लिखते हैं कि—'माँ तुम/ मेरे खारे मटमैले आँसुओं में खिंची/ साफ़ तस्वीर हो/ मेरी स्वप्निल मुस्कराहटों की/ एकमात्र दर्शक/ मेरे सपनों ने भेजी है/ जितनी भी चिट्ठियाँ/ उन सबका पता हो तुम माँ!' इस तरह कवि उक्त कविता में माँ के प्रति अपनी भावना को मनोवांछित विस्तार देता है। दूसरी ओर कवि अपनी कविताओं में जीवन और उससे जुड़े अनेक दार्शनिक सवालों का संस्पर्श भी करता है।

मिश्रजी की कविता केवल स्वान्तः सुखाय नहीं लिखी गयी है अपितु उसमें कवि का गहन दायित्व बोध भी परिलक्षित होता है। इन कविताओं में संलाप है, आत्मालाप है और एक खास तरह की निर्मल ईमानदारी भी है। हमारा कवि समसामयिक अमानवीय स्थितियों के बीच मनुष्य को मनुष्य बनाए रखने के लिए रचनारत है। वह जिस सहजता से अपनी कविताओं में विशिष्ट अर्थ भर देता है उससे सिद्ध होता है कि वह अपने कवि कर्म के प्रति कितना सचेत है। एक आन्तरिक लय इन कविताओं को सीधे पाठकों के हृदय में उतार देती है।

मिश्रजी ने काव्य रूप के धरातल पर भी अपनी प्रयोगात्मक प्रतिभा का परिचय दिया है। इस दृष्टि से कुछ कविताएँ गीत और ग़ज़ल की कोटि में भी आती हैं। कवि ने 'तक़दीर' शीर्षक ग़ज़ल में लिखा है कि—

अपनी तक़दीर के मारे हैं किधर जाएँगे।
हर तरफ से न पुकारो बिखर जाएँगे।
ऐ हवाओ तुम्हें बहना है रुख तो ले लो
हम दो राहों पर खड़े हैं भटक जाएँगे।

कहने का आशय यह है कि प्रस्तुत संकलन मिश्रजी की सर्जनात्मक प्रतिभा का एक अनूठा प्रयोग है जिसमें एक बौद्धिक की प्रश्नाकुलता, कवि सुलभ संवेदनात्मकता और एक विशुद्ध भारतीय मन की उदारता तथा निष्कलुषता सहज उपलब्ध है। कवि प्रत्यक्ष जगत के नाना व्यापारों को अपनी तीखी संवेदना से ग्रहण कर उसे स्वानुभूति का हिस्सा बनाकर अभिव्यक्त करता है। अत: सर्वत्र स्वाभाविकता बनी रहती है। अपने सरल मन की बातों को पूरी प्रामाणिकता और सहजता से कह जाना मिश्रजी की निजी विशेषता है। ये कविताएँ पाठक से एक आत्मीय संवाद कायम करती हैं। यहाँ कवि के निजी सरोकार भी समय और समाज का विमर्श प्रस्तुत करते हैं। ये कविताएँ अपनी अभिव्यंजना में अत्यधिक सटीक, व्यंजक और तलस्पर्शिनी हैं। इनमें काव्यानुभूति की प्रखरता तथा अभिव्यक्तिगत संयम एक साथ उपस्थित हैं। ये अपनी बुनावट में निहायत स्वच्छ, स्वस्थ और साभिप्राय हैं। इनका पारायण अपने आप में एक उत्तेजक और सार्थक अनुभव है। मिश्रजी अनावश्यक स्फीति से अपने को सर्वत्र बचाने में कामयाब रहे हैं। यह प्रबुद्ध मन की कविता है जिसके पाठ द्वारा पाठक के मन को परितृप्ति के साथ साथ बौद्धिक खुराक भी मिलती है। मुझे पूर्ण विश्वास है कि यह संकलन सम्पूर्ण हिन्दी जगत का स्नेह भाजन बनेगा।

—डॉ. करुणाशंकर उपाध्याय
प्रोफेसर एवं अध्यक्ष, हिन्दी विभाग
मुम्बई विश्वविद्यालय
मुम्बई–400098

आत्म निवेदन

प्रस्तुत कविताएँ विगत तीस वर्षों की समयावधि में लिखी गई हैं। जब लिखना शुरू किया तब यह मन में नहीं आया कि छपना पड़ेगा तथा सभी लोग पढ़ेंगे। ग्रामीण परिवेश एवं पृष्ठभूमि, आसपास का वातावरण और मेरी संवेदनशील प्रकृति ने मुझमें बचपन से ही एक ऐसी कीमिया तैयार की कि किशोर वय तक आते-आते मुझे अनसुलझे भावों ने जकड़ना शुरू कर दिया, जो कि सन् 1983-84 तक अवसाद में परिवर्तित हो गया। पढ़ाई-लिखाई सब चौपट हो गई। समाज एवं परिचय से भागता हुआ मैं लगभग एकाकी हो गया। बाद में व्यावसायिक परामर्श एवं स्वाध्याय से अवसाद को जानने-समझने की प्रक्रिया में मन के अन्दर की भाव-तरंगों को पहचानने लगा। कविता का आत्मज्ञान एक बार छोटे भाई संजीव मिश्र द्वारा 'नन्दन' पत्रिका में तसवीर पर कविता लिखने की प्रतियोगिता में मेरे द्वारा सुझाई गई पंक्ति पर मिली सराहना तथा छात्र आन्दोलनों के लिए लिखे गये नारों से हुआ। 1988-90 के दौरान यह आत्मबोध बार-बार आने लगा कि मैं लिख सकता हूँ। तब तक प्रतियोगी परीक्षाओं में असफलताओं का दौर शुरू हो चुका था। लेखन-अभ्यास हेतु रफ कॉपियों के एक हिस्से में लिखी कविताओं को मेजपोश के नीचे रख देता तथा वर्षान्त में डायरी में साफ-साफ उतार लेता। मेरा कविता लेखन का एकाध मित्रों को ही पता था। प्रशासनिक सेवा में आने के बाद इसकी चर्चा का अवसर नहीं मिला तथा संकोच भी था। जनपद इटावा में 2001 की तैनाती के दौरान गुरुवर डॉ. विद्याकान्त तिवारी को अपनी डायरियाँ ससंकोच दिखाईं तो 'शब्दगात' के प्रकाशन की पृष्ठभूमि बनी। फिर कुछ खास नहीं हो पाया। हाँ, कविता के पठन-पाठन की वास्तविकता से परिचय हुआ तथा एक निराशा तथा अनजानेपन का भाव प्रकट हो गया।

लिखने के प्रति उत्साह लगभग खत्म हो गया, ऐसा लगा जैसे सब सूख गया। फिर 3-4 वर्षों तक कुछ भी नहीं लिखा और फिर लिखा तो वर्ष में 4-5 कविताओं से ज्यादा नहीं। यह क्रम 2017-18 तक चलता रहा।

प्रस्तुत संकलन में प्रमुखतः मेरी लघु कविताएँ हैं। इन कविताओं का जीवन में सहसा साक्षात् प्रकटीकरण हुआ है, जिसमें मेरी ओर से ज्यादा कुछ सम्भव नहीं था, जैसा आया, वैसा लिख लिया।

अपनी काव्य यात्रा में मार्गदर्शन एवं सहयोग के लिए गुरुवर डॉ. विद्याकान्त तिवारी, मित्र श्री सुधीर मिश्र, स्व. डॉ. योगेन्द्र सिंह, स्व. पं. धर्मनारायण त्रिपाठी और स्व. डॉ. लक्ष्मीपति वर्मा का आभारी हूँ।

वर्तमान कृति हेतु परमादरणीय गुरुवर डॉ. करुणाशंकर उपाध्याय द्वारा अपनी व्यस्ततम दिनचर्या से समय निकालकर लिखी गई समीक्षात्मक टिप्पणी मेरी कृति की सर्वाधिक मूल्यवान निधि एवं विमर्श है जिसका आभार व्यक्त करने के लिए मेरे पास शब्द नहीं है। मैं आजीवन आभारी रहूँगा।

–राकेश मिश्र

अनुक्रम

समय की चाल

समय की अपनी चाल है
देह की अपनी
जीवन की अपनी गति है
इनके बीच
तीन भागों में बँटा मैं
चारों दिशाओं में
फैलना चाहता हूँ।

मेरे सपने

जगह–जगह
पूरी धरती पर
चस्पाँ हैं
मेरे सपने
कहीं धवल
कहीं स्याह।

आज

आज
चलूँगा एक कदम
नापूँगा एक पूरा
भय
लिखूँगा एक चिट्ठी
मित्र के नाम
जिऊँगा मैं आज।

हरजाना

खोती जाती है
ज़िन्दगी
हरजाना कोई नहीं!

जीना है

जीना है
उसके लिए
जिससे ज़िन्दगी अच्छी लगती है
जीना है
उसके लिए भी जिस बिन
ज़िन्दगी नहीं है।

सागर लहरें

सागर की लहरों से बुनी है
शैया मेरी
तारों की तपन से
ऊष्मित हैं
सपने मेरे।

कुछ फूल

कुछ फूल
दो-चार बोटियाँ
गोश्त की
एक लुटिया अर्घ्य
खींच देते हैं
जीवन की तरल सीमाएँ।

मेरी तलाश

मेरी तलाश
वो जड़
जिसे ज़मीन न मिली
मेरी मंज़िल
वो ज़मीन
जो जड़-विहीन है।

वह लड़की

वह लड़की
एक तस्वीर है
चौकोर त्रासदी की
एक लहर है
अनवरत तरंगित
समन्दर की
ठहर कर भी
अद्‌भुत
समन्दर की कोख सी।

दोस्ती

दोस्ती
रीढ़ नहीं
पसलियाँ भी नहीं
दोनों हाथ नहीं
दोस्ती
हाथों में पंख नहीं
बयार नहीं
दोस्ती
सुगन्ध है
जिसे कभी-कभी ले आती है
हवा।

लक्ष्य

चमकदार आकर्षणों से
गुँथी है
ज़िन्दगी
क्योंकि तुम्हारी ही तरह
आकर्षक है
हर असम्भव लक्ष्य।

अपेक्षा

एक जीवन
जो जिएँ तो अच्छा लगे
एक हवा
जो सूखे पत्तों से न खेले
एक दर्द
जो कम गहरा हो
एक मरणोन्मुख
जिसे कोई जीवित न चाहे।

नाख़ून

ज़िन्दगी के अगुआ हैं
नाख़ून
नरम उँगलियों पर
सख़्त।

अंकुर

आज जो टूटा
बरगद नहीं था
एक नन्हा अंकुर था
मसल दिया गया
पदचापों में खो गई
नन्ही चीख़।

समय

समय मन का
साथ मेरे
सदियों के फासले पल में
क़रीब
सदियों की नज़दीकियाँ पल में
दूर।

ख़ुशी

ख़ुशी
एक असहज एहसास है
बिजली में बंजारे की नींद की तरह।

जानोगे

जानोगे
क्या होता है
बियाबानों से गुज़रना
जब जियोगे
अधूरी ख़ुशियों से भरी
एक
पूरी ज़िन्दगी।

माँ

माँ, तुम
मेरे खारे मटमैले आँसुओं में खिंची
साफ़ तस्वीर हो
मेरी स्वप्निल मुस्कुराहटों की
एकमात्र दर्शक
मेरे सपनों ने भेजी हैं
जितनी भी चिट्ठियाँ
उन सबका पता हो तुम
माँ!

बातें

बहुत सारी बातों का
मतलब नहीं होता
पर होती हैं
बातें
बेमतलब की
होते हैं
बातों में मतलब तलाशते
लोग।

जवाब

कितने-कितने
जवाब देता रहता हूँ
कितने-कितने
ज़िन्दगी एक प्रश्नोत्तर बन गई है
कितना दिया मौन
अनवरत हिसाब
सावधानियों का
परीक्षाओं का
असफलताओं का भी।

नर्म त्वचा

रोपे हैं
कुछ हरे-हरे नर्म त्वचा
शीशम
कटीली बाड़ों से सटे
मैंने।

तरणताल

नंगे तारों से गुँथे तरणताल
तैरती हैं
चेतनाएँ
टहनियों के सहारे।

नींद नहीं आती

मुझे तो नींद नहीं आती
सपनों में भी
लोग तो
सोकर भी
सपने देख लेते हैं।

प्रश्न

रह गए
पंक्तिबद्ध
प्रश्न
अनुत्तरित
जगमगा गए
फिर
अनचाहे
अनजाने
विकल्प।

स्मृतियाँ

दीये जलकर बुझ जाते हैं
अँधेरे फिर लौट आते हैं
साँसें चलते-चलते रुक जाती हैं
स्मृतियाँ बार-बार आती हैं
बार-बार जाती हैं।

बड़ा होना

बड़ा होना
चलना है
रास्तों पर

बड़ा होना
बदलना है
रास्तों को

बड़ा होना
बताना भी है
उनको
जो
कभी नहीं चले।

किताबें

आज बुला लाया
स्टेशन पर आवारगी फरमाते
किताबों के कई पन्ने
घर
अक्षर महलों के
कई तल्ले
नापने हैं मुझे
अधूरी सीढ़ियों से।

आँखें

एक नदी हैं
मेरी आँखें
जिसके तटों को
छू-छू के रह जाती है
तुम्हारी पलकों की नाव।

ज़िन्दगी एक कण है

ज़िन्दगी
एक कण है
उपयोग सरल

समझ मुश्किल है
एक अनन्त खोज है
समतल गहराइयों की।

हवा

हवा में
ढेर सारी नमी बिखेरती हैं
तुम्हारी अश्रुपूरित आँखें।

तस्वीर

एक तस्वीर है
उसकी हँसी
खिंचती रहती है
मुझमें
अनन्त आवृत्तियों में।

मौन

एक मैदानी नदी हैं
उसकी आँखें
हाहाकार कर उठती हैं
बादलों को देख
अन्यथा
मौन कलरव है
रेतीले तटों पर।

पलकें

उसकी पलकों से
बँधे हैं
मेरे शत-शत
अस्तित्व।

याद

एक सरल हस्ताक्षर है
तुम्हारी याद
मेरी साँसों पर
ताम्बई स्याही में लिपटी
नक़ल करके जिसकी
साँसों के हाशिये पर
अक्सर
मैं तुम्हें छू लेता हूँ।

मजनू

बहुत दूर तक गया
उसकी गली में
पर किसी ने मुझे
पत्थर नहीं मारा
मैं लौट आया

एक असफल मजनू।

हम-तुम

दो बिजली के
अलग-अलग
तारों पर
बैठे हुए
बया हैं
हम-तुम
जब छू लाएँ।

प्यार

क्या होता है
प्यार
मुझे तो सिर्फ इतना सा लगता है
बार–बार
आख़िर क्यों
दूर ही रहता
बस एक
भोला नमस्कार ?

ख़ुशियाँ

तुम्हें देखा तो
लगा
कैसे
कैसे
सामना किया जाता है
ख़ुशियों का।

तेरे-मेरे

तेरे-मेरे
दृष्टि बिन्दुओं से बँधी अरगनी पर
फैली है
सारी सृष्टि
ऐंठती जाती है
मुझे
परत-दर-परत
तुम्हारी घूमती दृष्टि
सरलता है
तुम्हारी बेल-बूटी छाँव की
मेरी नीची दृष्टि बिन्दु पर
एक बार देखो
मेरी ओर
सृष्टि के पार
दृष्टि
सहज जिऊँ
मैं।

चाहत के जंगल

रात भर
झुलसने पर भी
सुबह की पहली किरण से
फिर
हरे हो जाते हैं
चाहत के जंगल
लुभावने
हरे-भरे।

मन के तार

झनक उठते हैं मन के तार
जब कभी
पराये सुरों पर
मैं तैयार होने लगता हूँ
स्वागत के लिए
अपने आँगन में
एक उदास बारात का।

होंठ

दो अमृत कलश हैं
तुम्हारी आँखों में
छलकते होंठों के द्वार पर
सब अमृत दृश्य तेरे।

तुम्हारी चाह

एक ग़रीब की भूख जैसी है
तुम्हारी चाह
जी तोड़ कोशिशें दिन-रात फिर भी
विद्युतवती है
चेतना ध्रुवों में।

शाम

आज शाम को
जब मेरी निगाहें
सफेद लोहे के पीछे से झाँकते
एक जोड़ी साँवले पाँवों पर
अटक गई थीं
नीले आसमान पर तब
लाल स्याही से लिखे
कुछ अक्षर उभर आए थे
ऐसा बताया दोस्तों ने।

बूँद

तुम रहते हो तो
दो बूँद नमी ले आती है
हवा

तुम रहते हो तो
आम की महक से सराबोर हो जाती है
दिशा

तुम रहते हो तो
जीवन के पास रहती है
दया।

मुलाक़ात

जब हम मिलते हैं
तो उभर आता है
अक्सर
एक कीड़ा
गोल नरम दूधिया
हमारे बीच
जब हम मिलते हैं
अक्सर
तो मुलाक़ातों को घेर लेते हैं
कीड़ों के जंगल।

पवित्र आह्वान

दो शंख हैं
तुम्हारी आँखें
निकलकर जिनसे
एक पवित्र आह्वान
मेरे अन्तस् की रक्तसारता को
धवल बना देता है।

साँसें

तुमको
तुम्हारी बातों को
हमने
हमारी बातों ने
समझ लिया

तुमको
तुम्हारी साँसों को
हमने
हमारी साँसों ने
महक लिया तुमने।

हथेली

मैं ढूँढ़ता हूँ
हथेली की आड़ी-तिरछी रेखाओं में
वो लकीर
जो मेरे पिछवाड़े से ही सही
तुम्हारे दरवाज़े तक पहुँचती हो
पहले तो न थे
इतने सारे
झंडे
बत्तियाँ
इस्पात
अपनी राहों में।

दूरियाँ

मेरे कमरे से
तुम्हारे घर तक
मेरे कुछ कदमों का हिसाब
खो गया है
बिना चले ही
तय कर लेता हूँ
दूरियाँ
सन्देहास्पद हो जाती है
मेरी स्वाधीनता
मेरी ईमानदारी।

यादों की किताब

काश!
खो जाती
तुम्हारी यादों की किताब
इस छोटे से घर में
हरदम
चलते रहते हैं
तुम्हारे पाँव
फड़फड़ाते पन्नों पर।

हँसी–1

मेरी आँखों में
मेरी पलकें झलकती हैं
मेरी हँसी की तरह।

हँसी–2

रातभर नुचते रहे
नाख़ून
सुबह
तारकोल से सने नाख़ूनों पर
उभर आई हँसी
गाल से गाल तक।

हँसी-3

हँसी चटक उठती है
कई निश्चेष्ट सिटकनियाँ
खुल उठती हैं
एक साथ
चुपचाप बजती हैं
चूड़ियाँ
बर्तनों की तरह।

हँसी-4

बिजली चली गई
मैं परेशान बाहर भागा
सड़क पर
बिजली के खम्भों से
झाँक रही थीं
तुम्हारी आँखें
बल्बों की जगह
मेरी हँसी
लटक गई।

ज़िन्दगी

अपनी उँगलियाँ
बाँधकर
मैंने रोप ली
छटाँक भर ज़िन्दगी
तो
सूरज
बादलों से जा मिला।

लड़ रहे हैं हम

हम लड़ रहे हैं
अपनी तक़दीरों से
काट डाले हाथ
विध्वंसित स्नायुतंत्र
बिखरी व्यूह-रचना
दिग्भ्रमित नेतृत्व
हम चल रहे हैं
अँधियारों में।

महक

एक बच्चे की आवाज़
जीरे की महक से सराबोर
फेरी लगाती है
मेरी चेतना की गली में।

कौन खड़ा है ?

कौन खड़ा है ?
रोशनी का पृष्ठ भाग
मध्यस्थ
अँधेरों की ओर
स्पर्श करता
समस्त सन्धियाँ
कहता
विकल्प से जीवन
कौन खड़ा है ?

सफलताएँ

अपनी सफलताएँ
जैसे एक जोड़ी नई चप्पल
उलटी
बच्चे के पैरों में
और
डब्बा कन्धे पर।

सिद्धान्त

कन्नू रिक्शे वाले की जोरू
नहीं बैठती
रिक्शे की सीट पर
बैठती है
केवल पायदान पर
कहती है
सिद्धान्त की बात है।

भय नहीं

भय नहीं
तृष्णा नहीं
केवल आनन्द
यह क्षण ही सत्य है

झूठ नहीं
छल नहीं
केवल विश्वास
यह प्रण ही सत्य है।

मिलन

धूल
थोड़ी बिखरी
थोड़ी भटकी
टहनियाँ
थोड़ी गीली
थोड़ी टेढ़ी
हवाएँ
थोड़ी मित्रवत्

माहौल है
अपने मिलन का।

बरसात

बरसात
पकड़ लेती है
रोक लेती है
भिगोकर
आसपास
बता देती है
वह
आ गई
बिना टेलीफ़ोन किये।

सावन

इस सावन में
एक घर बना रहा हूँ
मैं भीगता
दीवालें बरसती
थरथराती ज़मीन
नमी में डूबी हुई।

दिन

खड़ा-खड़ा दिन
क्लान्त
साँझ संग
घर चला
सहमी सकुची रात
जलाकर मद्धम दीप
सँभालने लगी गाढ़ा शृंगार।

गर्म दोपहरी में

गर्म दोपहरी में
सड़कों की तपन
उभर आती है फफोले सी
उस पर
ये आवाजाही!

अपना-अपना पानी

अपना-अपना पानी है
कुछ बूँदों में ही
दम घुटता है
मेरा।

आवारा

किसी रोज
घर की चारदीवारी से बाहर होकर
लौट आने पर
बन्द मिले दरवाज़े
कई बार।
तो क्या आवारा हो जाते हैं
पालतू कुत्ते ?

साँसें

डॉक्टरों की हड़ताल देखकर
मैंने सोचा
क्यों न हो जाए
एक हड़ताल साँसों की
सामूहिक
आख़िर क्या कम जुर्म सह रही हैं
साँस

भीड़

सशंकित
डोलती
लड़खड़ाती
सहमी–सी
बहुत असुरक्षित होती है
भीड़।

चिन्तन

घमासान है
अम्मा–बाबू में
बिट्टी
सोचती है
चावल के सारे घुन
कहाँ गए?

संवेदनहीन खेतों में

संवेदनहीनता के खेतों में
जब बोये जाते हैं
भ्रम बीज
तब सजती है
फसल

ख़ुशियों की।

आज जंगल में

रात बीती जो आज जंगल में
शहर के लोग पूछते क्यूँ हैं,
जल गया एक बाँस जंगल में
शहर के लोग सोचते क्यूँ हैं
फ़िक्र इतनी ही है आवारों की
क्यूँ नहीं रखते अँधेरी सड़कें
आज टकरा गए चिरागों से
शहर के लोग ढूँढ़ते क्यूँ हैं।

तक़दीर

अपनी तक़दीर के मारे हैं किधर जाएँगे,
हर तरफ़ से न पुकारो बिखर जाएँगे।

ऐ हवाओ तुम्हें बहना है रुख़ तो ले लो,
हम दो राहों पर खड़े हैं भटक जाएँगे।

अपने अन्दर के हालात पर क़ाबू ही नहीं,
अब कहीं के किसी के नहीं रह पाएँगे।

लोग चलते हैं कहीं को पहुँच जाते कहीं,
हम चले ही नहीं क्यूँ तेरे शहर आएँगे?

कुछ तो हमने भी बिगाड़ा है मुक़द्दर तेरा,
ऐसा कुछ भी नहीं जिससे चौंक जाएँगे।

प्रिय तेरा संग

अब के पलाशों में आग लगेगी,
सजनी बिना तुम्हारे कैसे बुझेगी।

जीवन की आशाएँ जैसे भुजंग,
शीतलता चन्दन की प्रिय तेरा संग।

वैरी ज़माना

कोरी चुनरिया मारे क्यूँ ताना,
पागल हुआ है बैरी ज़माना।

कसती ही जाती है मादक उमंग,
कितनी धुली है जीवन में भंग!

आओ सुघर करें अब अंग अंग,
चटकीले हों जाएँ होली के रंग।

नया शहर

नये शहर में दोस्त तुम्हारा कौन बनेगा इतनी जल्दी,
घर ना छोड़ो गाँव ना छोड़ो दिल मत तोड़ो इतनी जल्दी।
गाँव के रस्ते धूल भरे हैं पर तेरे पैरों पड़ते हैं,
राह ना छोड़ो यूँ मत दौड़ो मुँह मत मोड़ो इतनी जल्दी।
गाँव में पीपल महुआ बरगद अमवा नीम कहानी कहते,
नये शहर में तेरी कहानी कौन कहेगा इतनी जल्दी।
गाँव में भौजी चाची ताई सब तेरी बलिहारी लेते
नये शहर में तेरा पड़ोसी कौन बनेगा इतनी जल्दी।

मैं नेता हूँ

मैं नेता हूँ
उनका
जो कुछ करना नहीं चाहते

मैं नेता हूँ
उनका
जो नहीं मानते कि कुछ करना है।

नाटककार

जो नाटककार है
वही सूत्रधार है
जो सपनों का सौदागर है
वही ख़रीददार है।

पथ

मृत्यु पथ सघन पथ है
मुक्ति पथ अगन पथ है
युक्ति पथ मनन पथ है
सिद्धि पथ लगन पथ है।

सूर्य की आँख

सूर्य की हर आँख में कैसे अँधेरा हो गया
रात बीती ही नहीं कैसे सबेरा हो गया
लाँघता है क्षितिज कोई टूटती किरणों की नींद
बो रहा लहरों में नफ़रत काटता हर पल उम्मीद
गिर गया जो गोद से कैसे चितेरा हो गया।

वो नदी

वो नदी
खो गई है
मिलेगी कभी!

वो गीत
विस्मृत हो गया है
होंठों पर आएगा कभी!

वो चिट्ठियाँ
भेज दीं उसे
लौटेंगी कभी!

जब मरना चाहा

जब मरना चाहा
तो नेपथ्य ने कहा—
जीना है।
अब मंच से ही
मौत के फ़रमान आ रहे हैं।

बरसात

बरसात
धरती की समस्याओं के प्रति
आसमान का सकारात्मक प्रस्ताव है।

बादल

अकुलाये बादल थे
सावन में बरस गए
जितना था नेह, सब
खेतों में परस गए।

अँधेरा

भोर के तारे के साथ
मॉर्निंग वाक पर निकला
अँधेरा
चौराहे पर मरा पाया गया।
दिन चढ़ते
समय से घर न लौटने की
सजा पाई अँधेरे ने।

अकेला

जो मरा था वो अकेला
शेष तो सेना खड़ी थी।

जीवन जब देखा

जब देखा जीवन छोटा था
जो देखे सपने छोटे थे
छोटी सी हर बात अधूरी
छोटी सी ही हर मजबूरी।

सत्य

सत्य
ग़रीबी की बेटी सा
निरन्तर निखरता
जवान बोझ है
जिसका
अनिश्चित अपात्र भविष्य है।

बीतता जीवन

जीवन बीत सकता है
बिना पढ़े
बिना हँसे
बिना गढ़े इतिहास
जीवन जो बीत गया
बिना पढ़े
बिना हँसे
बिना गढ़े इतिहास
इतिहास की विषयवस्तु है।

जीता हूँ

घास की आस लिये जीता हूँ
धूप की प्यास लिये जीता हूँ
रेत बहती है साँसों में मेरी
शुष्क एहसास लिये जीता हूँ।

ट्रैफ़िक

राज मार्ग पर
ट्रैफ़िक से अनजान
अकाल मरते हैं
कुत्ते
राजमार्ग पर
मृत्यु का ट्रैफ़िक
बेनियम है।

प्रार्थना

हे प्रभु!
भय और इच्छा से मुक्त
क्षण दो

हे प्रभु!
क्रोध और दया से मुक्त
रण दो
हे प्रभु!
सर्वमंगलकामस्तु
प्रण दो।

ज़िन्दगी

थोड़ी सी नींद
ढेरों सपने...ज़िन्दगी
थोड़ी सी जिद
ढेरों समझौते...ज़िन्दगी
थोड़ी सी सफलता
ढेरों इम्तिहान...ज़िन्दगी
थोड़े से वादे
ढेरों बहाने...ज़िन्दगी
थोड़ी सी ग़लती
ढेरों तानें...ज़िन्दगी।

सपने

गली का मवाली
कुत्ता
भागा है
भोर में
मेरी नींदों की पोटली लेकर
जगह-जगह
बिखरे
मेरे सपने
चर्चा का विषय है
सुबह ही।

रात

पूरा जागी रात
आज
दीये की लौ ने बढ़ा दी रात
आज।

मृत्यु

मृत्यु नहीं
मृत्यु-चिन्तन आवश्यक है
मृत्यु को किसने चाहा?
जीवन को सभी ने सराहा
मृत्यु जीवन की वर्षा ऋतु है
तत्त्व नहीं
तत्त्व-चिन्तन आवश्यक है।

रात भारी है

रात भारी है अभी पलकों पर
सुबह सोएगी अभी देर तलक़
दिन चढ़े मुझको जगा देना ज़रूर
स्वप्न बाक़ी बचे हैं दिन भर के।

गिद्ध

सूखे पेड़ की टहनी पर बैठा गिद्ध
सान्द्रित रूप है
हमारी अवशेष इच्छाओं का
सब कुछ ख़त्म होने के बाद भी।

जिनके बिना

जिनके बिना रातों को नींद नहीं आती
उनके सपनों में कोई और है मालूम न था।

नींद–1

शहर तो रोशनी के जंगल हैं
अरी नींद!
मुझे अपने आँचल में छुपा ले
मेरी कल्पनाओं
मेरे सपनों को अंकुरण दे
अरी ओ नींद!

नींद-2

रात के मध्य प्रहर में
दुलहन की तरह आई
मगर रूठी नींद
उसे खोजता हूँ
दोपहर शहर के चौराहे पर
पुराने परिचित की तरह!

गाँव

गाँव में पानी साफ़ था,
गाँव में सड़क नहीं थी तब,
गाँव में सड़क है,
गाँव में पानी साफ़ नहीं है अब,
गाँव में जब पानी साफ़ होगा
गाँव में जब सड़क बनेगी
तब मैं डरता हूँ
कहीं गाँव ही नहीं रहे!

बचपन

बचपन में
मिट्टी में दबाई कौड़ियाँ
खुदाई में मिलीं
सहसा आज
माथे से लगा लिया
बचपन के अनमोल धन को।

रातें

रातें
छोटी होती गईं
अँधेरा बढ़ता गया
आवाज़ें
ऊँची होती गईं
बहरापन बढ़ता गया।

पत्ते

पत्ते
रिश्ते में हैं
हवा से
बन्धन कोई नहीं।
मैं
तुम्हें याद आता रहूँ
मिलना ज़रूरी नहीं।

याद की बारिश

किसी याद की बारिश से
सराबोर
वैसा मन
ज़िन्दगी की सारी कमियाँ
जैसे घनीभूत हो गई हों
कहीं एक ही जगह
वैसा पल।

थोड़ी ही सही

ज़िन्दगी
थोड़ी ही सही
जीनी है पूरी
बात
थोड़ी ही सही
समझनी है पूरी
दोस्त
कम ही सही
साथ हो हमेशा।

काश!

काश!
मैं जमा कर पाता
तुम्हारे हिस्से का प्रेम
किसी बैंक में।
काश!
कोई वसीयत होती
प्रेम की!

काश!
मैं दान दे पाता
अभुक्त प्रेम।

काश!
प्रेम को जीने की
कोई योजना होती।

बरसाती पानी

प्रेम
बरसाती पानी की तरह
बह जाएगा
उड़ जाएगा
अनजाने

अनचाहे गन्तव्यों की ओर
प्रेम
सँजोने
जमा करने
दान देने की वस्तु नहीं
प्रेम को जीना होता है
अभी
इसी क्षण...।

मुझमें हो तुम

कहीं मुझमें ही तो तुम
शारदीय नदी के जल में
उगते सूरज की तरह
किताबों के पन्नों में
छिपी सार्थक बातों की तरह
कहीं मुझमें ही हो तुम।
सूने कैनवस पर
उभरने वाले रंगों की तरह
कहीं मुझमें ही हो तुम।

आधी बातें

तुम्हीं ने रखी होगी
आधी यादें
आधा स्नेह
आधी रातें
आधी सुबह
आधी बातें
और
पूरी ज़िन्दगी।

●●●